Siempre crece

La fruta

Dona Herweck Rice

Créditos de publicación

Rachelle Cracchiolo, M.S.Ed., *Editora comercial*
Conni Medina, M.A.Ed., *Gerente editorial*
Jamey Acosta, *Directora de contenido*
Dona Herweck Rice, *Realizadora de la serie*
Robin Erickson, *Diseñadora de multimedia*

Créditos de las imágenes: Portada, pág. 1 ©iStock.com/welcomia; pág. 4 ©iStock.com/Elias Kordelakos; págs. 10, 12 John Beedle/Getty Images; pág. 11 Victoria Pearson/Getty Images; todas las demás imágenes de Shutterstock.

Library of Congress Cataloging-in-Publication Data

Rice, Dona.
 Siempre crece. La fruta / Dona Herweck Rice.
  pages cm
 Audience: K to grade 3.
 Summary: "Algunas plantas dan fruta. Puedes recolectar la fruta. ¡Luego crece de nuevo!" -- Provided by publisher.
 ISBN 978-1-4938-2968-2 (pbk.)
 1. Fruit--Juvenile literature. 2. Growth (Plants)--Juvenile literature. I. Title. II. Title: Fruta.
 SB357.2.R5318 2016
 634--dc23
                                 2015031102

Teacher Created Materials

5301 Oceanus Drive
Huntington Beach, CA 92649-1030
http://www.tcmpub.com

ISBN 978-1-4938-2968-2

© 2016 Teacher Created Materials, Inc.
Made in China
Nordica.012016.CA21501560

sembrar

crecer

crecer

crecer

crecer

crecer

recolectar

crecer

recolectar

Palabras para aprender

crecer

recolectar